¡fiestas!

Maquillajes

 Parramón

Maquillajes

Dirección editorial
Jesús Araújo

Ayudante de edición
Elena Marigó

Textos y ejercicios
Mª. del Pilar Amaya

Introducción
Jordina Ros

Fotografías
Nos & Soto

Diseño de la colección
Josep Guasch

Maquetación y compaginación
Estudi Guasch, S.L.

Quinta edición: febrero 2007
© 2004 Parramón Ediciones, S.A.
Editado y distribuido
por Parramón Ediciones, S.A.
Ronda de Sant Pere, 5, 4ª planta
08010 Barcelona (España)
Empresa del Grupo Editorial Norma de América Latina

www.parramon.es

Dirección de producción
Rafael Marfil

Producción
Manel Sánchez

ISBN: 978-84-342-2647-0
Depósito legal: B-2.471-2007
Impreso en España

Sumario

El arte
del maquillaje

Transformarse, conseguir un aspecto distinto, parecerse a, ser como… ¡Gracias a la técnica del maquillaje puedes lograrlo. ¿Te gustaría?

En este libro encontrarás divertidos y originales maquillajes que te permitirán transformar tu rostro en animales, paisajes fantásticos y objetos, entre otros.

Si quieres pasar un rato divertidísimo con tus amigos, tu familia, o en el colegio, sólo tienes que seguir con atención las instrucciones que te damos paso a paso y verás que es mucho más fácil de lo que parece.

¡Atrévete! El resultado te sorprenderá y estarás preparado para asombrar a todos en cualquier fiesta.

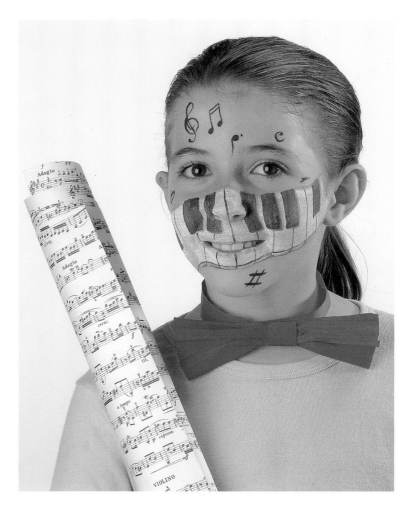

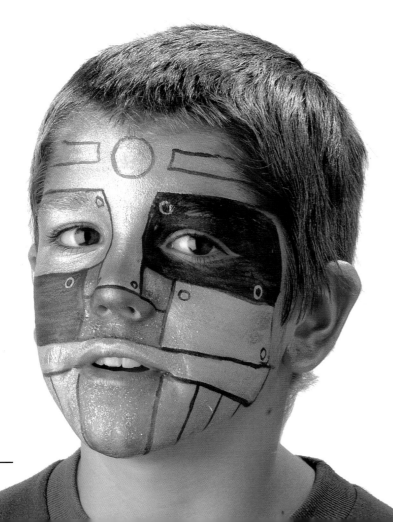

¿DESDE CUÁNDO NOS MAQUILLAMOS?

¿Sabías que el arte del maquillaje es muy antiguo?
En realidad, el hombre que vivía en las cavernas ya se preparaba para las ceremonias religiosas y para las guerras, pintando su rostro y su cuerpo con una mezcla de tierra, sangre y cenizas. De esta manera, intentaba camuflarse de sus enemigos o imitar animales feroces para aterrorizarlos.

Con el tiempo, el hombre fue experimentando con distintas materias vegetales o minerales, consiguiendo así, nuevos tintes y cremas para embadurnarse el rostro y el cuerpo.

¡HAZ UNA PRUEBA!
Con un poco de tierra húmeda
y "un dedo de tu mano", marca
unas líneas en tu rostro. Mírate en
el espejo y ¡no te asustes! Eres tú.

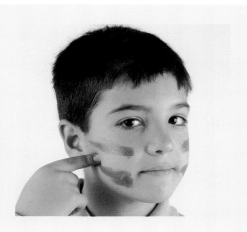

Juego o aprendizaje, el hombre, al pintarse el rostro, se sentía protegido y capaz de vivir un momento mágico cambiando de personalidad.

En el Antiguo Egipto, las mujeres empezaron a pintarse los labios con un tinte hecho de ocre rojo y óxido de hierro natural. Asimismo, en los rituales religiosos y los entierros era muy importante conseguir una auténtica máscara ceremonial maquillando los rostros con colores vivos para poder pasar a una nueva vida. Así lo demuestran las pinturas conservadas en los sarcófagos o en las pinturas murales.

¿TE ATREVES A PROBARLO?
Extiende harina por tu cara,
con un lápiz de ojos hazte la línea
de los ojos, píntate los labios de color
rojo y, para finalizar, con un poco
de colorete maquíllate las mejillas.

Del mismo modo, el arte del maquillaje fue un elemento destacado en la cultura y tradición de otros grandes imperios, como el griego o el romano, normalmente relacionado con alguna simbología determinada.

Ya en el siglo XVIII, lo que predominaba era la estética y la belleza en los rostros. No se intentaba imitar ni representar elementos simbólicos, sino que el objetivo era esconder la edad, la vejez y el paso del tiempo en el rostro. Así, se puso de moda blanquearse la cara con polvos, para conseguir rostros semejantes e impersonales.

Actualmente, el mundo del maquillaje ha evolucionado de tal manera que podemos encontrar en el mercado numerosos productos elaborados para sentirnos más atractivos y mejorar muestra imagen. Lápices de ojos, barras de labios, sombras, máscaras de pestañas... forman parte de nuestro entorno cotidiano.

EL MAQUILLAJE, UNA HERRAMIENTA EXPRESIVA

El maquillaje es también un elemento expresivo que permite caracterizar un personaje. Con un uso adecuado de los productos de maquillaje existentes, se pueden obtener resultados increíbles: un niño puede parecerse a un hombre viejo, una nariz pequeña se puede convertir en una nariz enorme...

En el mundo del teatro y del cine, el maquillaje es fundamental para caracterizar al actor o a la actriz en un determinado personaje y hacer más verosímil su actuación.

El maquillaje es como una máscara pintada sobre la piel del rostro que, juntamente con el gesto y la voz, convierte a esa persona en otra. ¡Es como magia!

¡VAMOS A MAQUILLARNOS!

O ¡vamos a divertirnos!, que es nuestro objetivo.
Prepárate para una fiesta, para pasar un día diferente con tus amigos, para celebrar un cumpleaños, para ser otro en los carnavales o en Halloween, para hacer teatro, o simplemente para dar una sorpresa a tu familia.

Además, puedes aprovechar también la ocasión para aprender conceptos básicos del arte interpretativo y trabajar tu capacidad creativa.

La observación
Mirándote en el espejo, podrás conocer y observar tu rostro, tus facciones, tu expresividad. Fíjate en las formas de los labios, que pueden mostrar alegría o tristeza según su curvatura, o en la nariz que también imprime personalidad a tu rostro.

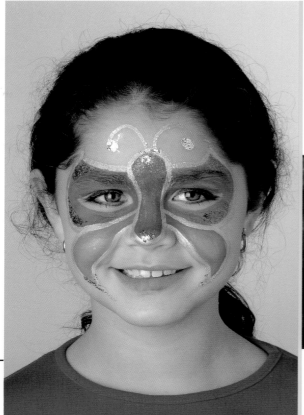

La concentración
El arte del maquillaje requiere concentración. Se necesita tranquilidad y buen temple, especialmente, para maquillar zonas pequeñas y realizar detalles con pinceles, etc. Es bueno que te fijes en cómo te maquilla un adulto (familiar o educador profesional), para comprobar la paciencia y concentración que precisa esta tarea. De igual modo, tú también debes ser paciente mientras te maquillan.

La creatividad
Gracias a la magia del maquillaje puedes conseguir ser cualquier personaje u objeto que se te ocurra. Interesa que primero observes la realidad, que te puede servir de referente, pero que luego dejes volar la imaginación, ya que la creatividad será fundamental para conseguir un buen trabajo. Puedes transformarte en una fantástica y elegante mariposa, por ejemplo, si un día de primavera te fijas en las mariposas que vuelan por el campo, de flor en flor. ¡Mira qué colores tan preciosos tienen sus alas!

Y, como los efectos que se consiguen con el maquillaje son realmente sorprendentes, puedes crear personajes inimaginables como un inteligente robot capaz de hablar como un humano. O también puedes convertirte en un objeto tan cotidiano como un teléfono móvil, o en un instrumento musical, como un piano de cola.

Y cuando se acerque alguna de las **¡Fiestas!** en las que es típico disfrazarse, como Carnaval, las fiestas de los muertos mexicanas o Halloween, entre otras, un buen maquillaje será perfecto. Puedes transformarte, por ejemplo, en una calavera, en un monstruo fantástico o en un enigmático y gracioso gnomo.

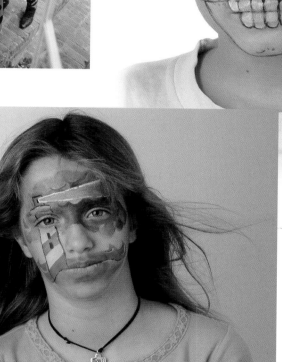

Pero, si de verdad quieres sorprender con algo diferente y contemporáneo, también tienes la opción de convertir tu rostro en el escenario de un paisaje. En las lejanías de los mares, los barcos se guían, cuando llegan a la costa, por los faros. ¿A que parece imposible que en tu cara pueda desatarse una tormenta marítima?

¿Y te imaginas ser la continuación de tu camiseta de flores? Elige una camiseta o una camisa con un estampado bien original y continúa ese estampado por toda tu cara.

¡Qué divertido es MAQUILLARSE!

Jordina Ros
Profesora de teatro y actriz

Materiales

Los preparativos para las **¡Fiestas!** pueden y deben ser tan divertidos como la celebración misma. Por eso, las propuestas que se ofrecen en los cuatro volúmenes que configuran esta colección (*Maquillajes, Máscaras y antifaces, Disfraces de objetos* y *Disfraces de personajes*) están pensados para que los puedan realizar niños y niñas a partir de 7 años, con la ayuda puntual de un adulto.

No se trata de usar materiales caros y/o difíciles de encontrar ni de recurrir a técnicas complejas, sino de que los niños sepan aprovechar materiales de uso común para conseguir resultados sorprendentes.

PINTURAS Y PINCELES PARA MAQUILLARSE

Todos los maquillajes que se proponen en este libro han sido realizados con **pinturas al agua (acuarelas)**, que se pueden encontrar en papelerías y tiendas de disfraces. Se venden en pastillas, en ceras o en lápices acuarelables, y cada uno de estos formatos resulta adecuado para una u otra técnica.

Estas pinturas se pueden aplicar directamente a la cara (sin crema hidratante alguna), ya que no dañan la piel y se eliminan fácilmente con agua y jabón o con toallitas desmaquilladoras. Aunque no suelen producir alergia, es recomendable realizar una prueba previa sobre la piel del niño.

En algunos casos concretos, se ha utilizado maquillaje normal como barritas para pintar los labios, sombra de ojos y lápiz de ojos.

En cuanto a los pinceles, conviene conseguir unos que sean suaves para no lastimar la cara del niño. Resulta suficiente tener a mano tres pinceles de grosores diferentes (fino, mediano y grueso) y uno plano para grandes superficies. Asimismo, hay que tener siempre un recipiente con agua limpia para lavar constantemente los pinceles, antes de que se seque la pintura.

A veces el pincel se puede sustituir por otros utensilios que también permiten aplicar el color, como los bastoncillos de algodón, las esponjas o los dedos. Las esponjas, por ejemplo, son útiles para pintar las orejas ya que, si se utiliza un pincel, éste puede quedar muy mojado y la pintura puede entrar en el oído.

Pinturas al agua o acuarelas

Pinceles suaves

Ceras

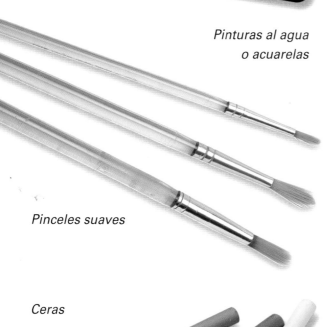

Pincel plano

Lápices acuarelables

Purpurina

OTROS UTENSILIOS Y MATERIALES ÚTILES

Aunque los resultados que se obtienen sólo aplicando de forma adecuada las pinturas ya son bastante sorprendentes, se pueden terminar de complementar con otros materiales. Es el caso, por ejemplo, de la purpurina que da un brillo especial a los maquillajes. Se puede utilizar purpurina de colores mezclada con un poco de gel fijador o usar directamente el gel de purpurina que se vende preparado.

Asimismo, hay que pensar en el peinado adecuado para cada maquillaje. Para ello es bueno tener a mano, además de peines, cepillos y gomas, un gel fijador para el pelo, que permita darle la forma desada. Además, cuando este gel está todavía un poco húmedo, se puede pintar encima con las ceras de colores. Los _sprays_ de colores que se venden en las papelerías o tiendas de disfraces también son muy útiles para colorear el pelo de forma rápida y sencilla, teniendo siempre la precaución de proteger los ojos con un papel o cualquier material. Tanto la pintura como el _spray_ se eliminan fácilmente con agua y jabón.

Sprays

ÚLTIMOS CONSEJOS ANTES DE EMPEZAR

• Hay que adoptar una postura adecuada para que la persona maquillada (y la que maquilla, si no es la misma) no se canse mientras dura el maquillaje. La silla debe ser cómoda, hay que estar en una zona bien iluminada y situarse delante de un espejo grande. Aunque uno no se maquille directamente, un espejo permite seguir la evolución y hace más ameno el proceso.

• Hay que tener siempre cerca papel de cocina absorbente para secar bien los pinceles y corregir posibles errores directamente en la cara.

• Con las pinturas de agua (acuarelas) a veces hay que aplicar varias capas para conseguir un color más intenso.

• Cuando hay que pintar un color encima de otro, conviene esperar a que el primero esté completamente seco para que no se mezclen las pinturas. Si se desea, se puede acelerar el proceso de secado aplicando un poco de aire caliente con un secador de mano, recordando siempre avisar al modelo para que cierre los ojos y no se asuste al notar el calor.

Espejo

Tigre
de la selva

MATERIALES

- Pinturas anaranjada, blanca, marrón, amarilla y negra

- Esponja de maquillaje

- Pinceles mediano y fino

Los disfraces y maquillajes de animales son unos de los más habituales en todas las fiestas. ¿Te imaginas lo divertido que debe ser transformarse por un rato en un tigre feroz o en un lindo gatito? Ahora tienes la oportunidad de convertirte en uno de estos felinos y de aprender a rugir para anunciar tu llegada.

1 Para la base de este maquillaje de tigre, aplica por toda la cara una capa de pintura anaranjada con una esponja ligeramente humedecida.

2 Cuando toda la cara esté cubierta, pinta los párpados de color blanco con un pincel mediano. Si pintas encima de las cejas, conseguirás agrandar los párpados.

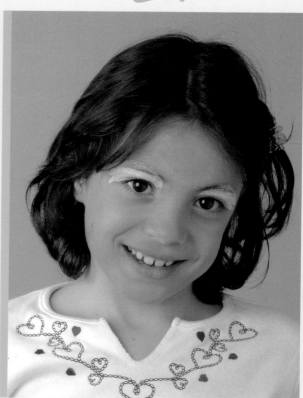

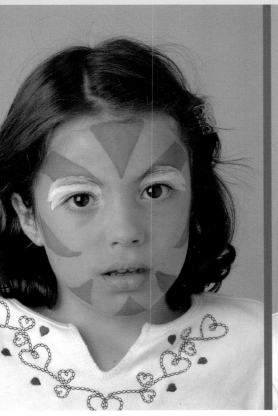

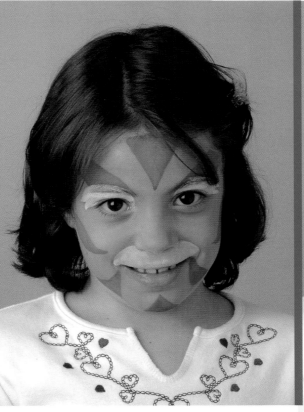

3

4

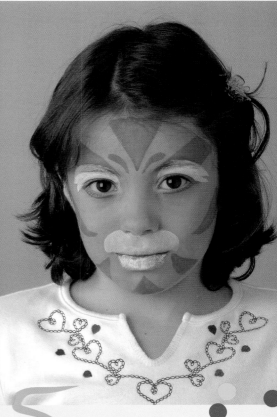

5

CONSEJO
Para aplicar la base anaranjada por toda la cara, hay que mojar primero la esponja, escurrirla bien para que no gotee y luego pasarla por encima de la pintura en pasta. De esta manera, será más fácil extender el color.

3 Alrededor de la cara, pinta varias franjas triangulares de color marrón para simular las manchas de la piel del tigre.

4 Para el morro del animal, cubre el espacio entre la nariz y el labio superior (zona del bigote) con pintura amarilla.

5 Ahora pinta el labio inferior de color blanco y debajo hazle unos pequeños piquitos, como si fueran los pelos del tigre. Aprovecha también para hacer dos manchitas marrones más en la frente.

6 Perfila los ojos con una línea marrón y haz puntitos negros sobre el morro.

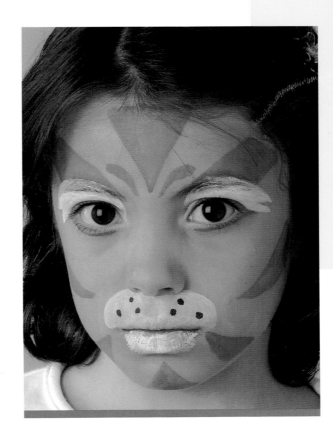

6

7 Para terminar el maquillaje, pinta la punta de la nariz de color negro y traza una pequeña línea en la mitad del morro con el mismo color.

7

Ya sólo tienes que peinarte como un auténtico tigre y enseñar los dientes. ¡Qué tigre tan feroz!

Gato

Si lo prefieres, puedes convertirte en otro felino menos salvaje, como el gato. Para ello, pinta una mancha anaranjada alrededor de un ojo y otra marrón alrededor del otro. Pinta la nariz, la zona del bigote y los párpados de color blanco, y cubre la punta de la nariz con pintura negra. Haz también puntitos y líneas negros para el bigote y la línea que divide el morro. Para terminar, perfila los ojos con una línea negra, dibuja unas cejas negras y pinta los labios de color gris. ¡Este gato ya está listo para maullar!

También puedes ser otro tipo de tigre más exótico, como el tigre de Bengala. Con un pincel plano y grueso, cubre toda la

Tigre
de bengala

frente, la zona del bigote (morro) y por debajo del labio inferior con pintura blanca, y el resto de la cara con pintura anaranjada. Dibuja un triángulo marrón en la nariz y pinta su punta de color negro. Con este mismo color, haz la línea del morro, dos franjas anchas a cada lado de la cara, las cejas, las manchas de la frente y los bigotes del animal. ¿Te atreves?

Paisaje con faro

MATERIALES

- Pinturas blanca, amarilla, roja, negra y diferentes tonos de azul
- Esponja de maquillaje
- Pincel fino

Muchos cuadros famosos reproducen paisajes. Pero, ¿has pensado alguna vez que tu cara podía ser un lienzo para una bonita pintura? Esta vez, te proponemos un paisaje marítimo con faro, cielo tormentoso y olas que mueren en la playa; pero para otra ocasión, puedes improvisar cualquier tipo de paisaje.

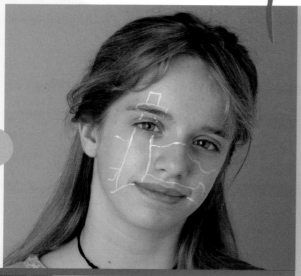

1 Antes de iniciar el maquillaje debes hacer un boceto del paisaje sobre la cara. Para ello, utiliza un pincel muy fino y pintura blanca, y traza las líneas de un faro (que pase por encima de un ojo), una línea para el cielo, otra para el mar y una última para la playa.

2 Colorea el interior del faro con franjas amarillas y rojas. Recuerda que también debes pintar el párpado para que se vea el faro completo, cuando cierres los ojos.

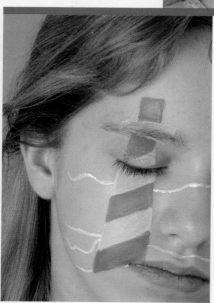

3 Para conseguir el color del cielo, debes ir mezclando diferentes tonos de azul y un poco de negro. Y, con blanco y negro, puedes trazar las formas de las nubes y del haz de luz que sale del faro.

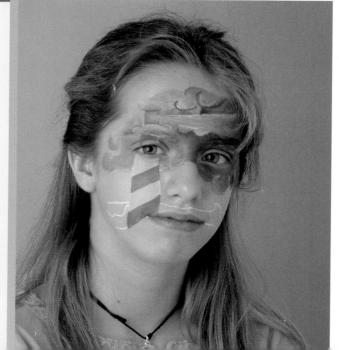

4

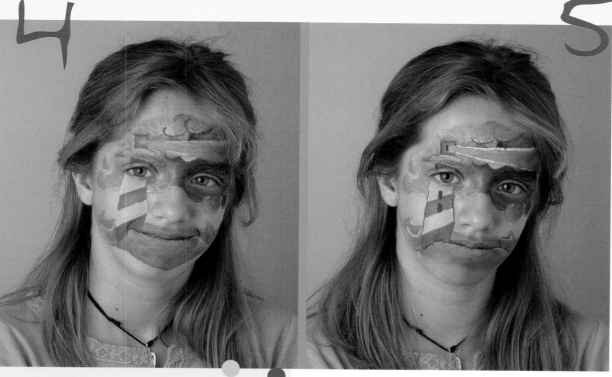

5

4 Para las olas del mar, utiliza un tono de azul diferente a los que usaste en el cielo. Y, para la arena de la playa, pinta toda la barbilla (incluido el labio inferior) de color amarillo.

5 Termina de hacer los detalles del paisaje con un pincel fino y pintura negra: perfila las líneas del faro y pinta sus ventanas.

CONSEJO

Este tipo de pintura no tiene grasa y mientras se seca puede dar sensación de tirantez, especialmente si la zona pintada es grande. Sin embargo, no hay que preocuparse, ya que una vez seco el maquillaje, el modelo puede mover libremente la cara y la pintura no se corre ni se cuartea.

Seguro que nunca habías imaginado que pudiera haber una tormenta marítima en tu cara. ¡Atención, farero, que el viento sopla fuerte!

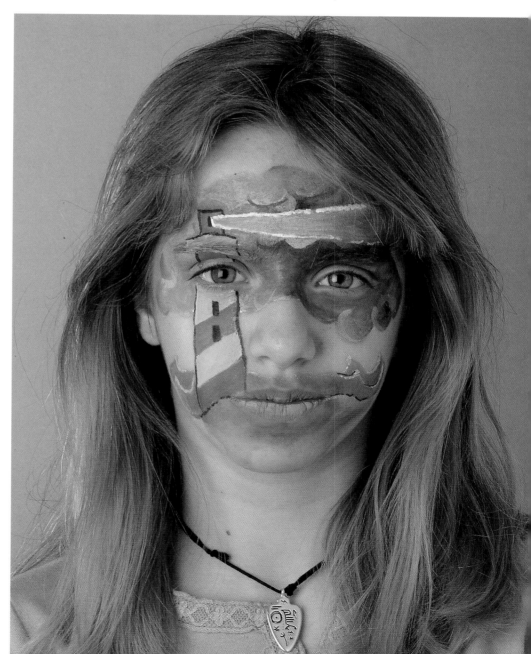

Piano
de orquesta

¿Qué te parece transformar tu cara en el teclado de un piano? Lo conseguirás sin dificultad y, si inventas con tus amigos otros instrumentos musicales, juntos os convertiréis en una simpática orquesta andante.

MATERIALES

- **Pinturas blanca, negra y gris**
- **Pinceles fino, grueso y plano**
- **Gel fijador para el pelo**

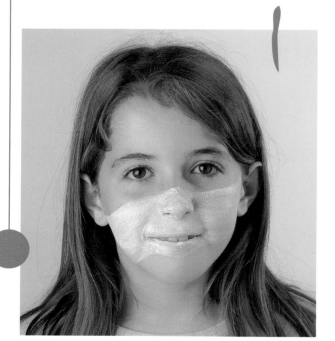

1 Con un pincel plano, pinta una franja de color blanco un poco inclinada, que atraviese la cara pasando por encima de la nariz y de la boca.

2 Cuando la franja blanca esté bien seca, pinta encima unas líneas verticales negras con un pincel muy fino. Si empiezas trazando una línea sobre la nariz y luego repartes las otras líneas a uno y otro lado de ésta, el teclado te quedará centrado.

3 Pinta ahora las teclas del piano con un pincel un poco más grueso y pintura negra. Debes pintar dos teclas juntas, dejar un espacio, pintar tres juntas, dejar otro espacio y volver a empezar la secuencia.

4 Con pintura gris y negra, haz una pequeña franja debajo del teclado para simular su sombra.

5 Vuelve a utilizar el pincel fino y pintura negra para dibujar símbolos y notas musicales por el resto de la cara.

5

CONSEJO
Siempre es bueno tener a mano un espejo grande para que el modelo se pueda ver a medida que se va realizando el maquillaje. Hay que conseguir que el niño esté distraído y motivado para que no se canse o salga corriendo hasta el espejo más cercano.

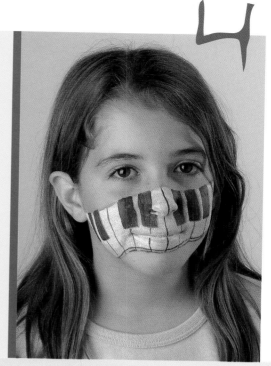

Péinate hacia atrás con gel fijador y ponte una pajarita de papel pinocho en el cuello. Y, ¡música, maestro!

Estampado
primaveral

MATERIALES

- Pinturas blanca, rosada, fucsia, verde, azul, anaranjada y amarilla
- Ceras acuarelables de colores
- Pinceles fino, mediano, plano y grueso

Si quieres ser el más original de la fiesta, con este tipo de maquillaje seguro que lo conseguirás. Sólo tienes que buscar una camiseta con un estampado bien vistoso y tratar de reproducir su diseño en tu cuello y en tu cara. De esta manera te convertirás en una prolongación de esta "camiseta sin fin".

1 Después de observar la camiseta para decidir cómo se va a seguir su estampado, empieza por pintar medio óvalo blanco encima de los dos párpados, pintando incluso las cejas.

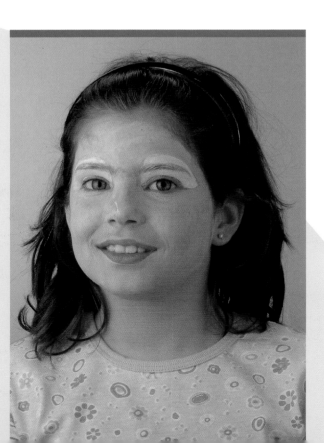

2 Con un pincel plano y grueso, pinta el resto de la cara y el cuello con pintura rosada. Recuerda que el tono de la pintura que utilices debe ser lo más parecido posible al fondo de la camiseta.

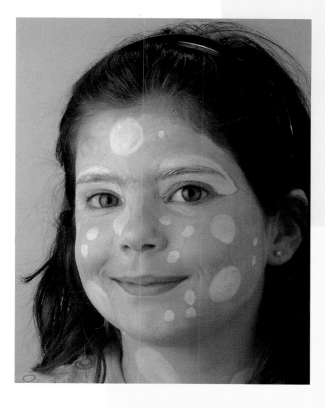

3 Utiliza un pincel mediano para pintar lunares blancos de diferentes tamaños por toda la cara. En ellos pintarás las flores y el resto de adornos.

4 Empieza a realizar algunos pétalos de flor, círculos o puntos dentro de los lunares con un pincel fino y pintura rosada.

5 Haz ahora los detalles de los lunares (círculos y puntos) con otro pincel fino y pintura verde.

6 Termina de pintar las flores y el resto de detalles con pinturas amarilla, anaranjada, fucsia y azul claro.

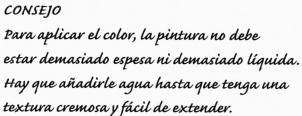

CONSEJO

Para aplicar el color, la pintura no debe estar demasiado espesa ni demasiado líquida. Hay que añadirle agua hasta que tenga una textura cremosa y fácil de extender.

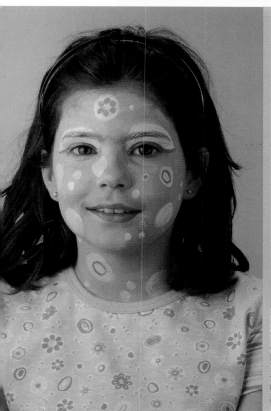

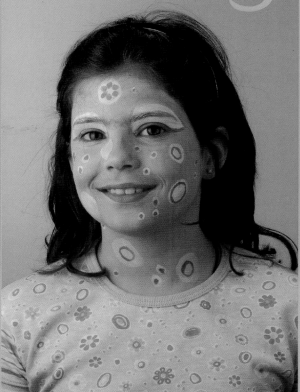

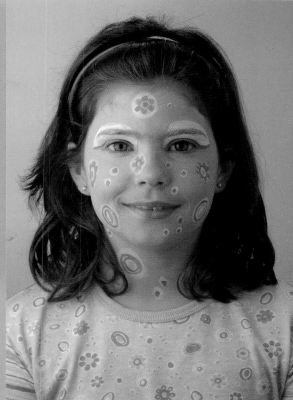

7 Puesto que las mangas de la camiseta tienen rayas de muchos colores, puedes reproducir este estampado encima de los óvalos blancos de los ojos y en los labios. Con un pincel muy finito, pinta rayitas de colores en ellos.

7

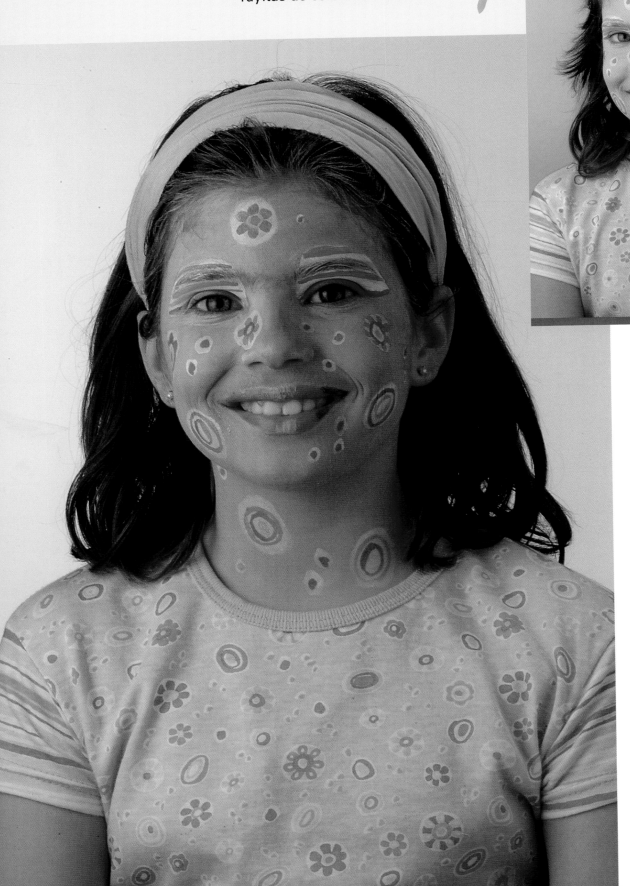

El último detalle del maquillaje lo conseguirás si te colocas una diadema o una cinta y pintas franjas de colores por el pelo. ¡Qué divertido!

De rayas

Cada camiseta tiene un estampado distinto y hay que observarla bien para decidir cómo se va a hacer el maquillaje. El estampado de esta camiseta a rayas resulta un poco entretenido de hacer, pero nada difícil: pinta una franja azul a cada lado del cuello y la cara como prolongación de las mangas, y rellena el resto de la cara con líneas horizontales más o menos gruesas de colores rosado, rojo, amarillo, verde y azul, siguiendo los mismos tonos de la camiseta. Te será más sencillo, si haces estas líneas con ceras de colores, ligeramente humedecidas. Si quieres, puedes pintar los labios de color azul.

De flores

Para continuar el estampado de flores de esta camiseta, debes poner un poco de imaginación. Aplica primero con una esponja un color azul claro por toda la cara y luego, con un pincel fino y un azul más, dibuja flores y hojas iguales a la camiseta, pero de diferentes tamaños. Píntalas de color rojo o blanco, y rellena alguna con líneas de estos mismos colores.

Monstruoso
Frankestein

MATERIALES

- Pinturas verde claro y oscuro, gris oscuro, negra y plateada
- Esponja de maquillaje
- Pinceles mediano y fino
- Gel fijador para el pelo

Los monstruos son personajes habituales en los juegos más terroríficos. Por eso, te lo pasarás en grande maquillándote como si fueras un auténtico Frankestein y podrás asustar a todos tus amigos. ¡Uuuuuhhhh!

1 Con una esponja ligeramente húmeda, pinta toda la cara de color verde.

2 Pinta también las orejas con un verde un poco más oscuro. Procura pintar sólo la parte externa de las orejas; la pintura no debe entrar en el oído.

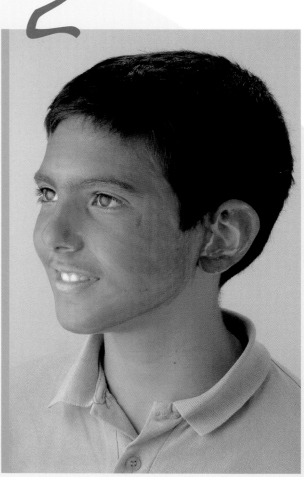

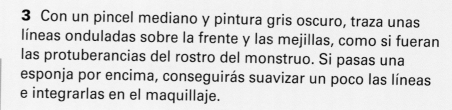

3 Con un pincel mediano y pintura gris oscuro, traza unas líneas onduladas sobre la frente y las mejillas, como si fueran las protuberancias del rostro del monstruo. Si pasas una esponja por encima, conseguirás suavizar un poco las líneas e integrarlas en el maquillaje.

4 Para dar profundidad a los ojos, pinta alrededor de cada uno una mancha de verde muy oscuro.

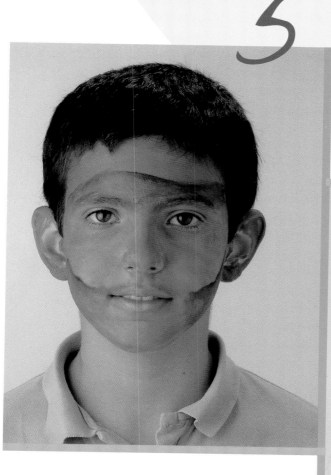

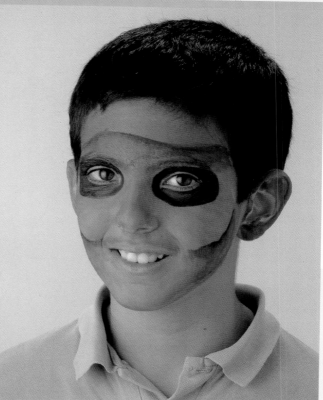

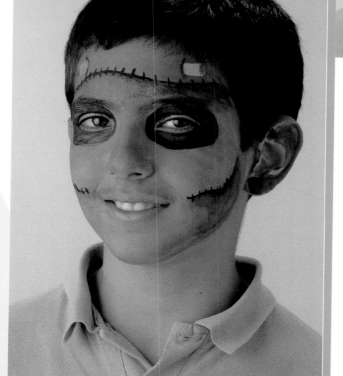

5 Con un pincel fino y pintura negra, dibuja las cicatrices de la cara. Puedes hacerlas sobre las líneas que trazaste en el paso 3. Pinta también dos tornillos plateados en la frente.

CONSEJO

Mientras pintas las orejas, coloca algodón en el oído y procura no pintarlo, así no correrás el riesgo de que entre pintura en él. Para no despeinarte, utiliza un poco de gel fijador. Además, aprovechando que el pelo está húmedo, puedes pintar en él unas líneas con la cera verde.

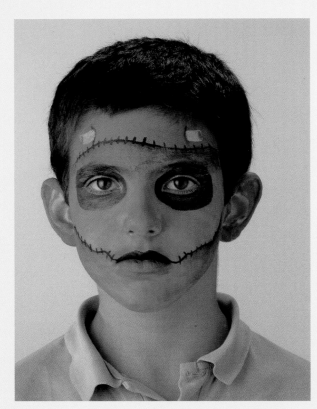

6 Por último, pinta el labio superior de color negro y el labio inferior de color verde oscuro.

6

Péinate con el pelo hacia delante y... ¡qué miedo!

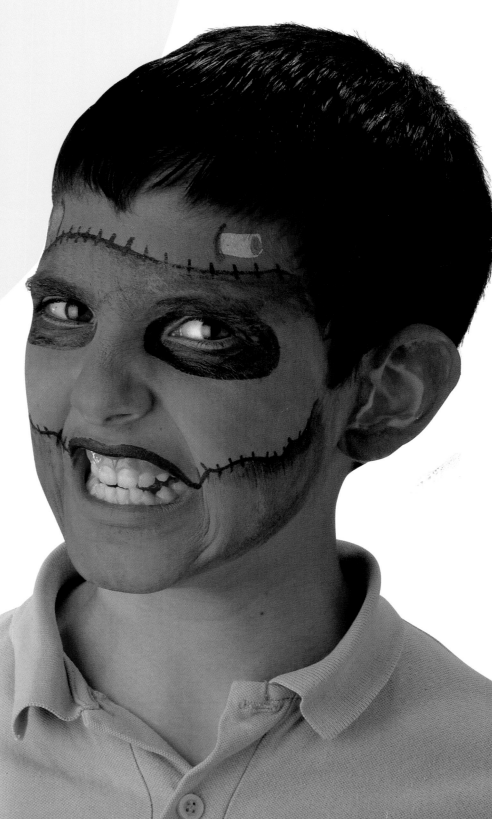

Monstruo
con colmillos

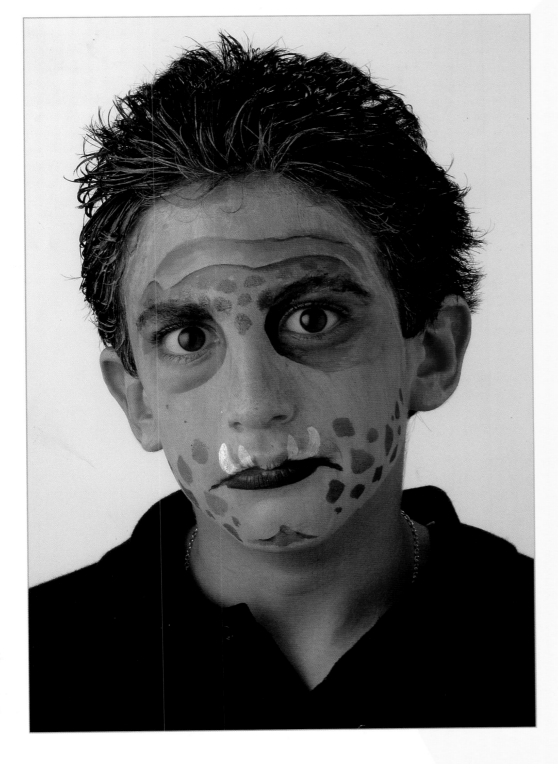

Los monstruos son seres fantásticos y, por lo tanto, puedes dejar volar tu imaginación para crear los personajes más sorprendentes. Por ejemplo, puedes inventarte otro monstruo: pinta toda la cara de un color verde grisáceo y dibuja arrugas grises en la frente y unas ojeras muy pronunciadas. A continuación, haz lunares marrones en la frente y cerca de la boca, y pinta el labio inferior de color negro. El toque definitivo serán unos colmillos blancos pintados sobre el labio superior que parezca que salen de la boca. También puedes pintar un poco el pelo con cera verde.

Antifaz
de mariposa

MATERIALES

- Cera acuarelable blanca
- Pinturas rosada, violeta, verde, anaranjada, roja y plateada
- Pinceles mediano y fino
- Gel de purpurina

En lugar de maquillarte toda la cara entera, quizás prefieras pintarte un precioso antifaz alrededor de los ojos. Si lo haces con las formas y los colores de las mariposas, quedará realmente vistoso y serás la reina de la fiesta.

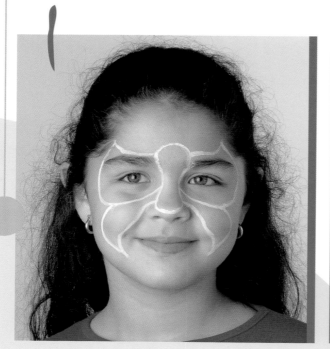

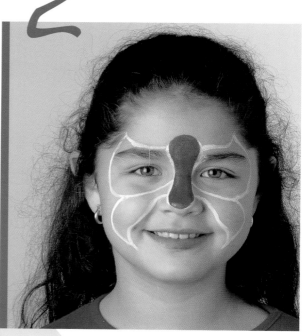

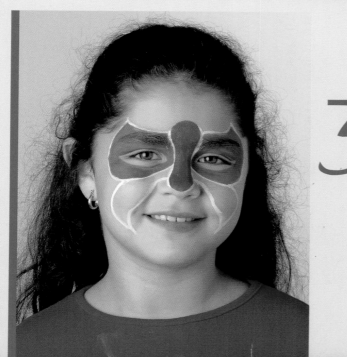

1 Utiliza una cera acuarelable blanca para hacer el boceto del cuerpo de la mariposa sobre la cara. El cuerpo debe ir sobre la nariz y las alas a uno y otro lado de ésta, siempre procurando que quede una figura simétrica.

2 Pinta el cuerpo de la mariposa mezclando pinturas rosada y violeta.

3 Ahora, pinta las dos partes superiores de las alas con pintura verde. Ten cuidado al pintar el contorno de los ojos.

CONSEJO

La forma más sencilla de aplicar purpurina (o lentejuelas) en la cara consiste en mezclar la purpurina con un poco de gel fijador y luego aplicarlo con un pincel. El gel, además de dar brillo, hace de pegamento. También se puede comprar gel de purpurina ya preparado.

4 Mezcla pinturas anaranjada y roja y pinta las dos partes inferiores de las alas.

5 Una vez que las pinturas estén secas, resigue el perfil de la mariposa (cuerpo y alas) con un pincel mediano y pintura plateada. Dibuja también dos antenas plateadas sobre la frente.

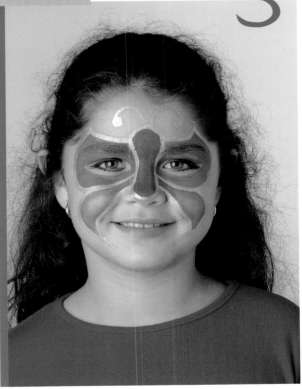

Para darle más brillo a la mariposa, puedes aplicarle un poco de purpurina en algunas zonas. ¡quedará un maquillaje-antifaz precioso!

Teléfono
móvil

MATERIALES

- Pinturas blanca, violeta, plateada, amarilla, azul, roja, verde y negra
- Pincel fino
- Gel fijador para el pelo

Otro maquillaje muy sorprendente consiste en observar algún objeto cotidiano y tratar de reproducirlo en la cara. Un teléfono móvil, por ejemplo, puede dar un resultado bien divertido. Pero, ¡cuidado! Tal vez alguien quiera hacer una llamada o mandar un mensaje...

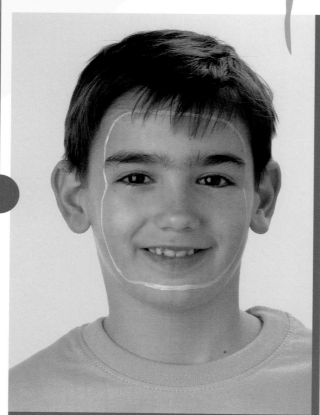

1 Lo primero que hay que hacer es dibujar, con un pincel fino y pintura blanca, un rectángulo con los bordes redondeados que ocupe casi toda la cara.

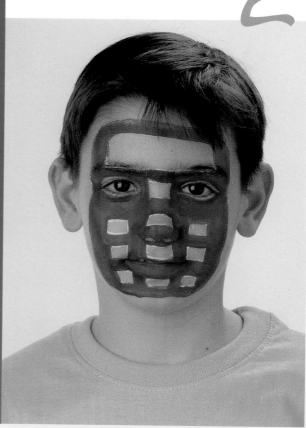

2 Dibuja también un rectángulo grande (pantalla) sobre la frente y distribuye todas las teclas del teléfono por el resto de la cara. Puedes aprovechar los párpados para las teclas de encendido y apagado. Sin pintar las teclas ni la pantalla, colorea el resto con pintura violeta.

3 Rellena el rectángulo de la pantalla con pintura plateada.

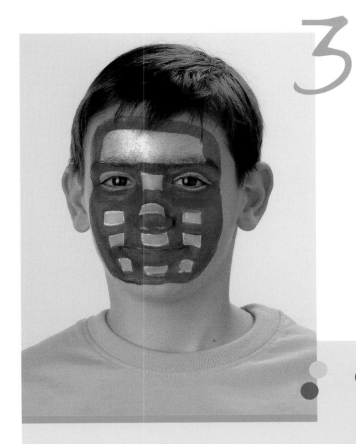

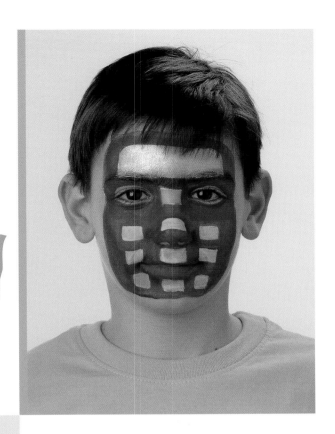

4 Pinta las nueve teclas inferiores de color amarillo. Serán las teclas de los números.

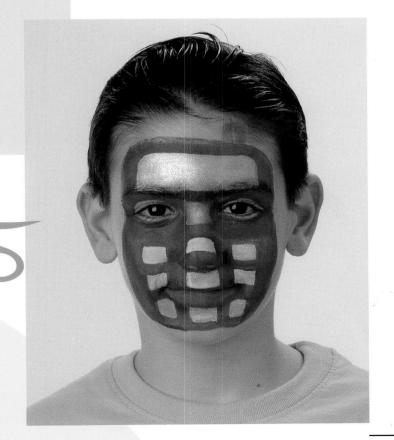

5 Ahora dibuja una antena azul en la frente y rellena con este mismo color la tecla que hay entre los ojos. Si te molesta el flequillo para hacer la antena, puedes peinártelo hacia atrás y fijarlo con un poco de gel.

6 Con los ojos cerrados, pinta un párpado de color rojo y el otro de color verde; serán las teclas de encendido y apagado. Recuerda que no se deben abrir los ojos hasta que la pintura esté bien seca.

6

Puzzle incompleto

Hay muchos objetos a nuestro alrededor que pueden convertirse en divertidos y originales maquillajes. En lugar de un teléfono móvil, puedes hacer un puzzle, por ejemplo. Es muy sencillo: divide la cara en seis partes aproximadamente iguales dibujando tres líneas, una vertical y dos horizontales. Con un pincel fino, reproduce las formas irregulares de las fichas del puzzle y colorea cinco de ellas con colores distintos. Puedes dejar una de las piezas sin pintar y hacerle un poco de sombra a su alrededor; parecerá que el puzzle está incompleto y, si recortas y pintas un trozo de cartón con la forma de la ficha, será como si estuvieras a punto de colocarla.

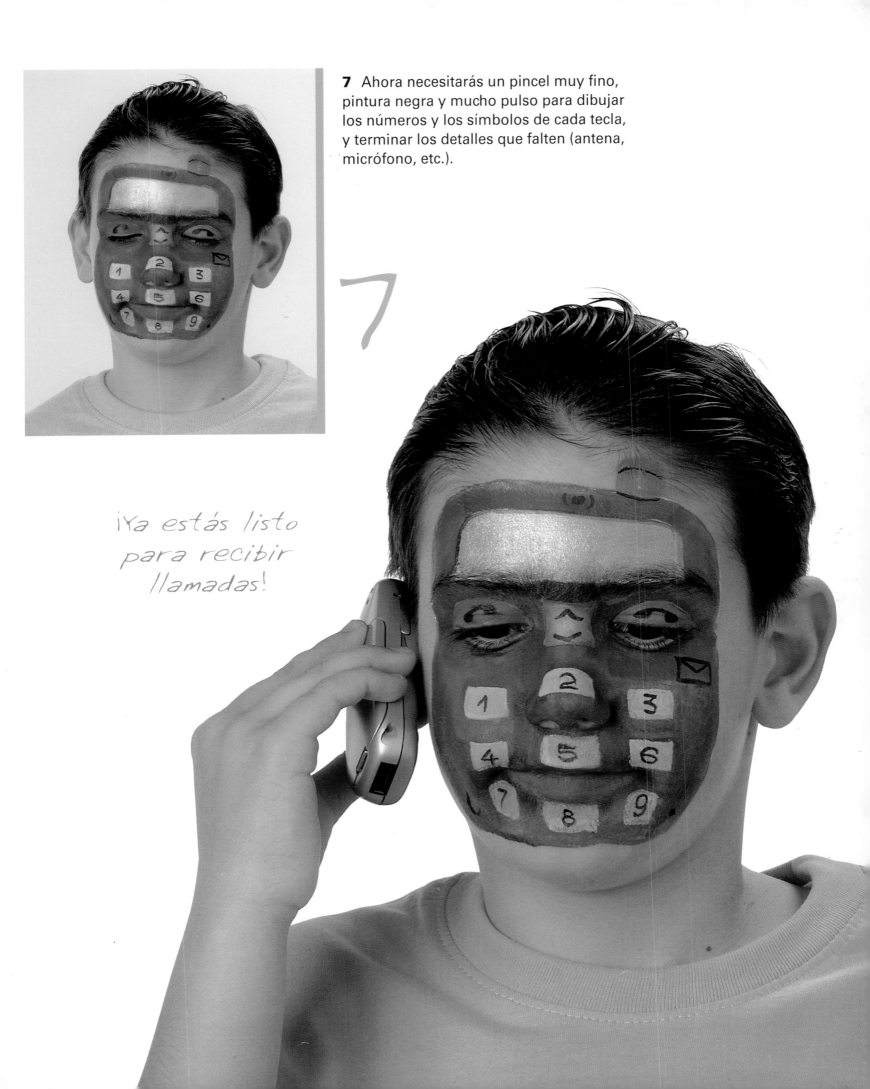

7 Ahora necesitarás un pincel muy fino, pintura negra y mucho pulso para dibujar los números y los símbolos de cada tecla, y terminar los detalles que falten (antena, micrófono, etc.).

¡Ya estás listo para recibir llamadas!

Robot
metálico

MATERIALES

- Pinturas negra, plateada y dorada
- Pinceles fino y mediano
- Gel de purpurina
- *Spray* plateado para el pelo

Si consigues pinturas dorada y plateada, no dudes en utilizarlas en tus maquillajes ya que crean unos efectos metálicos muy curiosos. Puedes transformarte, sin ir más lejos, en un simpático robot de acero que se muera al sonido de "bip-bip-bip"

1 Con un pincel fino y pintura negra, haz un boceto de las formas de la cara del robot. Debes dibujar líneas rectas sobre la comisura de la boca, encima de ésta, sobre las cejas, en la nariz y en las mejillas.

2 Pinta con color plateado la zona de la frente y la nariz, alrededor de un ojo y el cuadrado de la mejilla opuesta.

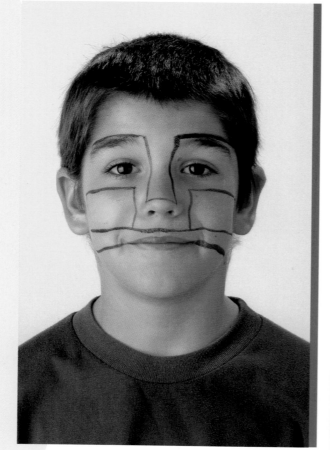

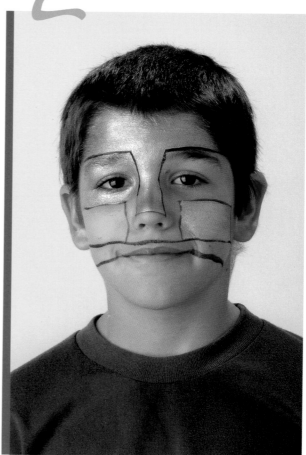

4

3

5

6

CONSEJO

Si decides pintarte el pelo con "spray" de colores, debes cerrar bien los ojos y protegerte la cara. Puedes hacerlo, por ejemplo, con una hoja de papel. Aunque no es conveniente poner este "spray" en la cara, sí se puede aplicar en las manos o en los brazos.

3 Ahora rellena el contorno del otro ojo y el cuadrado de la otra mejilla con pintura negra.

4 Pinta la parte inferior de la nariz de color dorado.

5 La zona inferior de la cara puedes pintarla toda de color plata, excepto un rectángulo en la barbilla que puedes llenarlo con pintura dorada.

6 Vuelve a utilizar el pincel fino y la pintura negra para reseguir los perfiles de cada parte, y dibuja otros detalles como un círculo en la frente y un rectángulo a cada lado.

33

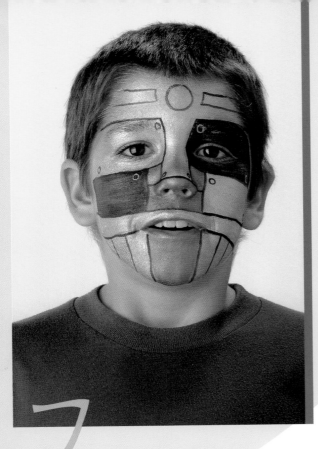

7 Dibuja algunos tornillos en los extremos de cada parte: utiliza color negro cuando pintes sobre piezas plateadas o doradas, y color plateado cuando lo hagas sobre las piezas negras.

8 Para aumentar el efecto de brillo de este maquillaje, puedes aplicar un poco de gel de purpurina sobre algunas partes.

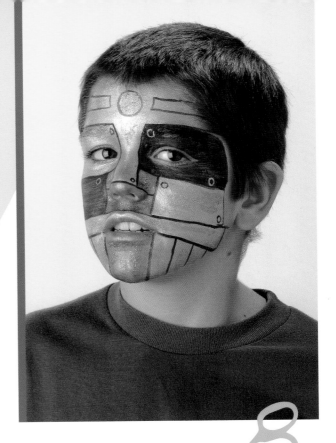

Píntate el pelo con un "spray" plateado, colócate una diadema con tornillos de plástico y empieza a caminar como un auténtico robot.

Armadura
medieval

Otro maquillaje metálico que resulta muy vistoso es el de una armadura medieval. Además, puedes realizarlo con los mismos colores y materiales. La diferencia se encuentra en el primer paso, cuando se boceta la forma del dibujo sobre la cara. En esta ocasión, conviene dejar algunas partes del rostro sin pintar para dar un mayor realismo. El spray plateado que apliques en el pelo, puedes usarlo también en los brazos para conseguir los "guantes" del caballero.

Ratón
tragón

MATERIALES

- Pinturas gris oscuro y claro, blanca y negra
- Cera acuarelable gris
- Pinceles fino y mediano

Los ratoncitos pueden ser unos animalitos muy simpáticos que se meten en todos los rincones y buscan queso como locos. Con este sencillo maquillaje, podrás convertirte en uno de ellos; pero, recuerda: ¡Tendrás que salir corriendo cuando veas un gato!

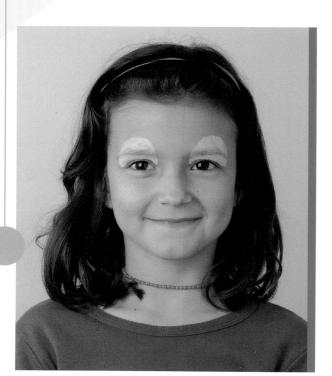

1

1 Con una cera acuarelable gris, pinta dos medios óvalos sobre los párpados, de manera que las cejas también queden cubiertas.

2 Con pintura de un gris más oscuro, pinta la forma del morro del ratón sobre la nariz.

2

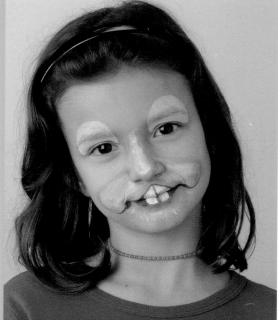

3 Pinta los dientes del ratón sobre los labios con pintura blanca y perfílalos con pintura negra. Debajo del labio inferior pinta unos cuantos pelos grises y blancos.

3

Pintar los dientes del ratón es el paso más complicado de este maquillaje. El modelo debe mantener la boca cerrada para que los dientes queden bien pintados sobre los labios y coincidan las dos mitades (la que está sobre el labio superior y la que está sobre el inferior).

Sólo te falta hacerte unas coletas que simulen las orejas del ratón y... ¡ya puedes empezar a buscar un trocito de queso!

4 Sigue utilizando el pincel fino y pintura negra para hacer los detalles de la nariz, las cejas y los bigotes del ratón. Con gris claro, píntale unos pelos en la frente.

4

Calavera
terrorífica

Si quieres seguir asustando a tus amigos, puedes transformar tu cara en una blanca calavera. Sólo debes maquillarte como si fueras la "cara" de un esqueleto y empezar a mover tus huesos al son de una música de terror.

MATERIALES

- **Pinturas marrón oscuro, amarilla, blanca y negra**
- **Cera acuarelable blanca**
- **Pinceles fino y mediano**

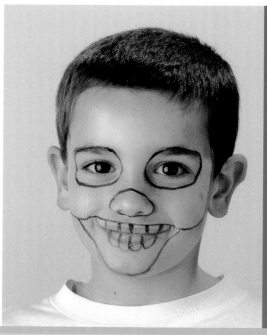

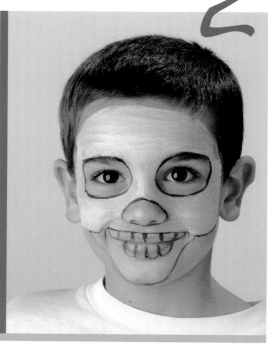

1 Con un pincel fino y pintura marrón oscuro, traza dos círculos en los ojos y uno en la punta nariz. Dibuja también unas líneas siguiendo los huesos de las mandíbulas y unos cuadraditos sobre los labios, que serán los dientes.

2 Consigue pintura de color crudo mezclando blanco y amarillo, y pinta con él toda la cara, excepto el interior de los círculos y cuadrados.

3 Rellena la zona de los ojos y la punta de la nariz con pintura negra; así conseguirás simular los orificios de los huesos de la cara.

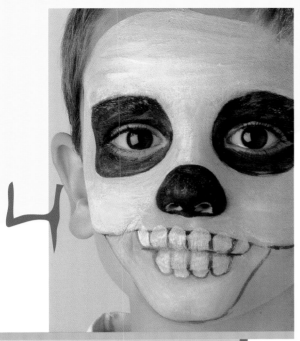

4 Pinta los cuadraditos de los dientes con pintura blanca.

5 Vuelve a utilizar el pincel fino y pinturas negra y marrón para bordear los dientes. Haz también pequeñas rayas y puntitos sobre la pintura de color crudo para que parezca que el hueso está roto.

Píntate el pelo de color blanco y abre mucho los ojos. ¡El efecto de calavera será de auténtico terror!

pez
de fantasía

La fantasía es un ingrediente esencial en cualquier tipo de fiesta. Por eso, puedes ahora tratar de imaginar un pez diferente a todos los que hayas visto nunca y transformarte en él. Los colores vistosos, los brillos y las formas extrañas darán originalidad a este acuático personaje.

MATERIALES

- Pinturas azul grisáceo, azul, lila, plateada, verde claro y oscuro y roja
- Esponja de maquillaje
- Pinceles fino y mediano
- Gel de purpurina
- Gel fijador para el pelo

1 Con una esponja ligeramente húmeda, cubre toda la cara con pintura de un color azul grisáceo. No te olvides de pintar el cuello y las orejas.

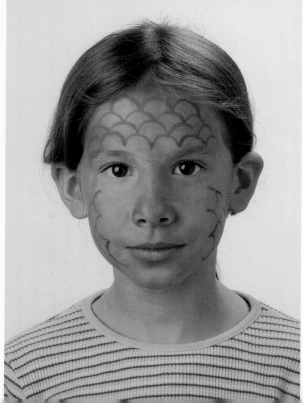

2 Utiliza un pincel fino y pintura azul para dibujar tres hileras de semicírculos encima de las cejas, ocupando toda la frente. En los laterales de las mejillas, dibuja algunos semicírculos más. Ya tienes las escamas del pez.

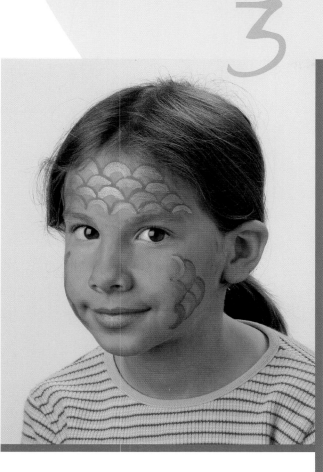

3 Empieza a pintar el interior de las escamas con una mezcla de pinturas lila y plateada.

4 Y termina de rellenarlas con una mezcla de pinturas verde claro y plateada.

5 Pinta ahora los ojos del pez. Para ello, puedes dibujar una forma alargada alrededor de cada uno y colorear su parte superior con pintura verde y la inferior con pintura azul.

CONSEJO
Siempre que hagas algún maquillaje que represente algo metálico o húmedo, puedes aplicar gel de purpurina; éste hace que el efecto del color sea más intenso.

6 Con pintura roja, colorea los labios y la zona de alrededor para hacerlos más grandes. La parte inferior debe ser mayor.

Gnomo

sabio

Otro personaje fantástico *en el cual puedes transformarte con un sencillo maquillaje es un gnomo. Sólo tienes que pintar una barba y un bigote blancos, unas cejas bien frondosas del mismo color, y poner un poco de colorete rojo en las mejillas y en la punta de la nariz. La parte más delicada de este maquillaje corresponde a las gafas del gnomo: dibuja primero su silueta con pintura dorada sobre las mejillas (como si miraras por encima de las gafas) y pinta con un pincel bien fino y un gris muy claro los cristales. Con negro, haz la sombra de las gafas y termina de pintarle los tornillos. Ya sólo tienes que atarte un pañuelo rojo en la cabeza y el gnomo estará listo para saltar por los bosques.*

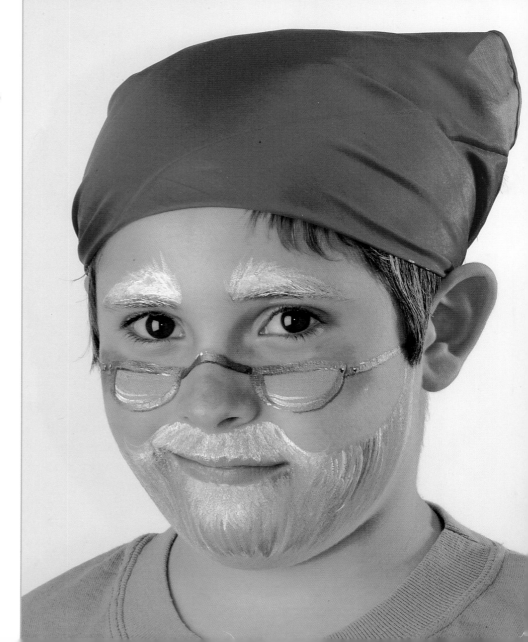

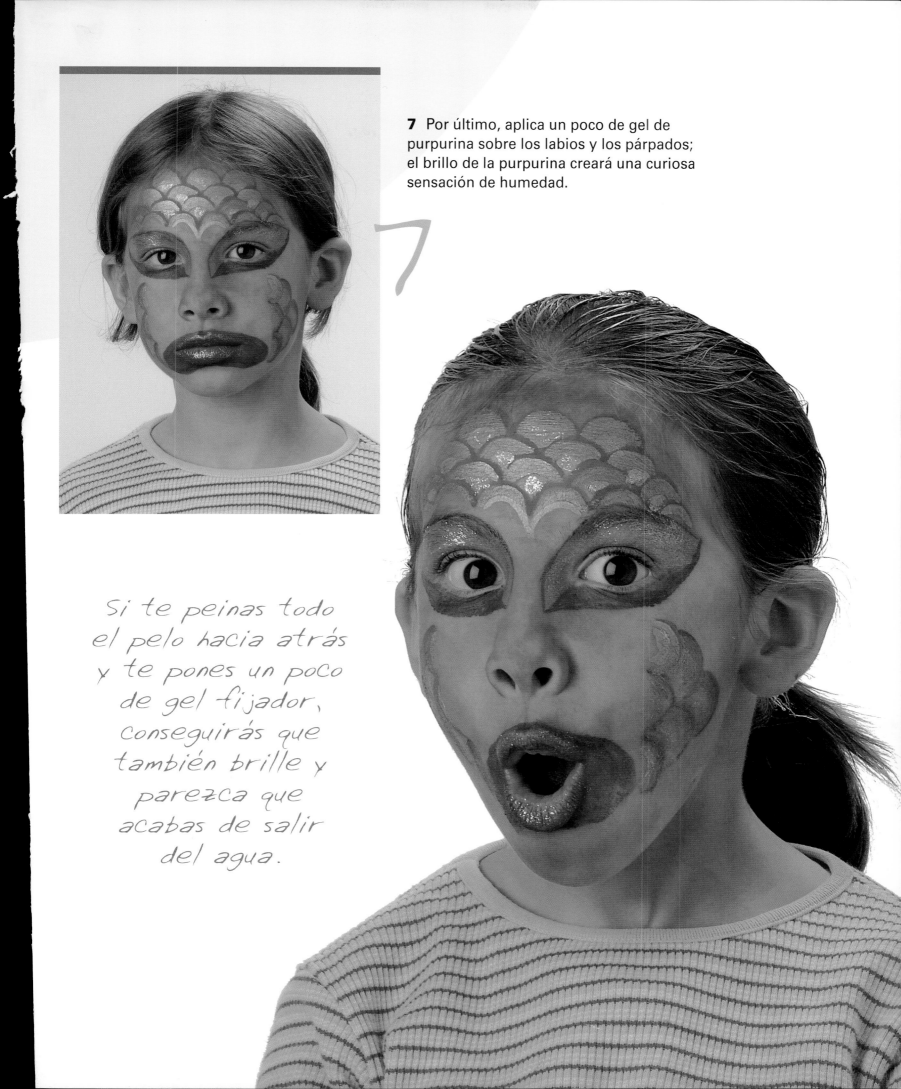

7 Por último, aplica un poco de gel de purpurina sobre los labios y los párpados; el brillo de la purpurina creará una curiosa sensación de humedad.

Si te peinas todo el pelo hacia atrás y te pones un poco de gel fijador, conseguirás que también brille y parezca que acabas de salir del agua.

Hombre
o mujer

MATERIALES

- Pinturas negra y marrón
- Esponja de maquillaje
- Pincel grueso
- Sombra de ojos azul
- Colorete rojo
- Lápiz de ojos negro
- Pintalabios rojo
- Máscara de pestañas negra
- Gel fijador para el pelo

¿Te apetece jugar a confundir a tus amigos? ¿Eres un hombre? ¿Eres una mujer? ¿Quién eres? Si te pintas la mitad de la cara con rasgos masculinos y la otra mitad con rasgos femeninos, el resultado será espectacular. Seguro que nadie te reconoce...

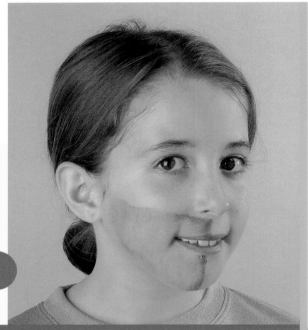

1 Empieza por pintar la mitad de tu cara que se convertirá en un hombre. Para ello, crea una sombra negra en la zona de la barba con una esponja y un poquito de pintura negra.

2 Pinta encima de esta mancha el medio bigote y la media barba con un pincel grueso y pinturas marrón y negra. Con los mismos colores, consigue una ceja gruesa en esta mitad de la cara.

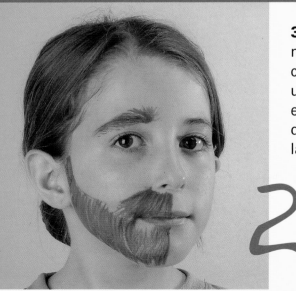

3 Ahora maquilla de mujer la otra mitad de la cara: empieza aplicando un poco de sombra de ojos en el párpado y un poco de colorete rojo sobre la mejilla.

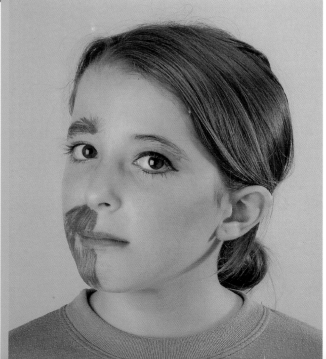

En la mitad hombre ponte gel fijador para que el pelo se aguante hacia atrás. Y, en la mitad mujer, déjate el pelo suelto y ponte un pendiente. ¡Qué efecto!

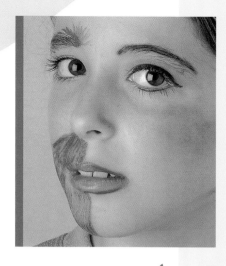

4 Pinta la mitad de los labios con un pintalabios rojo, ponte máscara de pestañas y perfila el ojo y la ceja con un lápiz negro.

CONSEJO

Para el maquillaje de mujer, puedes utilizar los productos de maquillaje normales (pintalabios, sombra de ojos, máscara de pestañas, lápiz de ojos, etc.). Pídeselos a una persona adulta y que te enseñe a utilizarlos para no dañarlos.

LOCALIZAR LOS HUESOS ANTES DE PINTAR LA CALAVERA

Para todos los maquillajes es importante tener en cuenta la fisonomía del modelo antes de empezar a pintar; pero hay veces que resulta imprescindible. En este caso, hay que tocar con las dos manos los huesos de la cara y una vez localizados aprovechar sus formas para pintar las líneas de los ojos y de las mandíbulas. Así, las proporciones serán reales.

Trucos

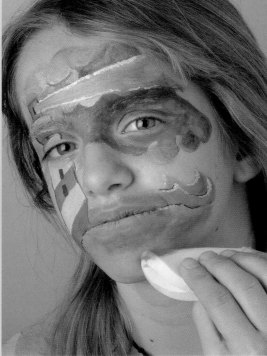
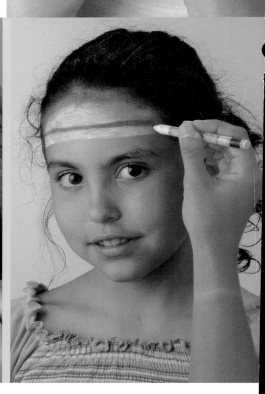

CUBRIR TODA LA CARA CON UN FONDO DE COLOR

Para conseguir una capa de pintura uniforme, hay que usar una esponja de maquillaje. Se debe humedecer primero y luego escurrir antes de pasarla por encima de la pintura en pasta. Entonces se aplica el color dando suaves golpecitos por todo el rostro, teniendo especial cuidado al pintar las zonas más sensibles. Si se quiere oscurecer un poco más el fondo, hay que repetir el proceso y aplicar una nueva capa de pintura encima de la primera.

CUBRIR SÓLO UNA ZONA REDUCIDA CON FONDO DE COLOR

Cuando la zona que se debe cubrir con un fondo de color más o menos uniforme no es muy grande (por ejemplo, sólo la barbilla), conviene seguir el mismo proceso que se ha explicado en el truco anterior, pero utilizando la esponja doblada por la mitad. La misma técnica sirve cuando hay que oscurecer alguna zona ya pintada: se repite el mismo proceso, aplicando la pintura cuando la primera capa está completamente seca.

TRAZAR LÍNEAS RECTAS

Las ceras acuarelables, además de ser muy suaves, permiten trazar líneas rectas con mayor facilidad que los pinceles, que requieren un pulso más firme. Basta mojar la punta de la cera con un poco de agua y luego pintar directamente sobre la cara.

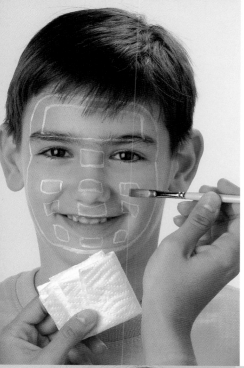

ARREGLAR POSIBLES ERRORES

En los maquillajes que necesitan bocetar el dibujo en la cara es frecuente equivocarse en algún pequeño detalle y querer corregirlo sin tener que volver a empezar. En estos casos, se puede intentar borrar el fallo con un pincel muy fino y plano humedecido ligeramente con un poco de agua. Con éste se recoge la pintura y se va secando con una servilleta de papel o con una toallita húmeda desechable. En cualquier caso, es un proceso que requiere especial atención, pero puede ser de gran utilidad.

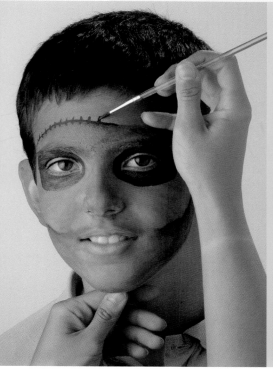

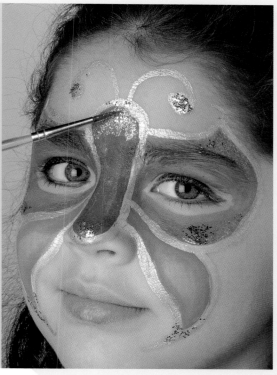

PINTAR POR ENCIMA DE LAS CEJAS

Las ceras acuarelables también resultan muy útiles cuando hay que pintar encima de zonas como las cejas. Como hay que humedecer las ceras con un poco de agua antes de pintar, éstas se ablandan y su pintura se extiende con facilidad por cualquier zona.

HACER PEQUEÑOS DETALLES QUE REQUIEREN PRECISIÓN

La mayoría de maquillajes cuentan con detalles que requieren mayor precisión y sobre todo un pulso bien firme. Un truco que te puede ayudar a realizar estos detalles con mayor facilidad consiste en buscar un punto de apoyo para la mano que tiene el pincel. Por ejemplo, se puede utilizar el dedo meñique como apoyo y sujetar la cara con la otra mano para que el modelo no se mueva.

APLICAR PURPURINA

Muchos maquillajes agradecen un poco de purpurina para darles más brillo en alguna de sus zonas. El gel de purpurina que venden preparado en las tiendas de disfraces es muy sencillo de aplicar, ya que sólo hay que extenderlo por la zona deseada con un pincel fino. Si se desea añadir más purpurina, entonces ya se puede utilizar directamente la purpurina suelta para las manualidades, ya que el gel primero servirá para que quede fija.

Agradecimientos

◄ Adrià
Marigó
(8 años)

► Aitor
Albarracín
(12 años)

◄ Alejandra
Penilla
(7 años)

► Carlos
Pujol
(11 años)

◄ Elena
Araújo
(8 años)

► Ferran
Hernández
(9 años)

► Georgina
Pujol
(8 años)

◄ Guim
Valls
(8 años)

◄ Joan
Aspachs
(8 años)

◄ Júlia
Ventosa
(7 años)

► Laia Soto
(9 años)

◄ Laura
Such
(9 años)

► Lídia
Fité
(8 años)

◄ Marina
Martínez
(8 años)

► Max Valls
(10 años)

◄ Olga
Muñoz
(10 años)

▼ X.
Cos
(9 años)

▲ Manuel
Araújo
(11 años)

◄ Santiago
Bollag
(7 años)

► Sandra
Such
(9 años)

► Víctor
Hernández
(13 años)